효과적인
학습 방법

천재 되는 방법

효과적인
학습 방법

천재 되는 방법

EFFECTIVE

정호용 지음

LEARNING
METHOD

바른북스

이 책은 저자가 수년간 연구한 끝에 내놓게 된, 연구의 결과물이다.

여기서 가장 중요한 것은 1장이다. ***** 별표 5개이다.

그리고 그다음으로 중요한 것은 2장과 3장이다. ****별표 4개이다.

1장과 2장, 3장은 무슨 말인지 차근차근 생각하면서 실험을 해보기 바란다. 한 번의 실험으로 알 수 있는 것이 아니기 때문에 10번 이상 저자의 말을 곱씹으면서, 실험해야 한다. 그러면, 저자의 말이 맞다는 것을 느끼게 될 것이고, 독자는 머지않아 천재가 되고 공부를 뛰어나게 잘하는 사람이 될 것이다. 중고등 학생들의 학부모들에게 이 책을 추천

한다. 학부모들이 읽어보고 확인한 다음에 그들의 자식들에게 이 내용을 가르쳐 줬으면 좋겠다.

이 책이 나오게 되어 얼마나 기쁜지 모르겠다. 여하튼 한국에서 고생하는 많은 학생들, 고시생들에게 반가운 동행자가 되었으면 하는 바람이 크다. 그리고 한국에서도 수많은 천재들이 배출되어 한국의 발전에 이바지할 수 있었으면 좋겠다.

한국의 학생들에게 언제나 행운이 가득하길……. GOOD LUCK TO YOU!!!

목
차

1장   ST에 관해서

2장 　머릿속으로 그리는 Review(리뷰)에 관해서

3장 　　　새로운 환경에서의 학습

ST에 관해서

EFFECTIVE

LEARNING

METHOD

세 가지 공부법
핵심 정리

A와 B가 같은 공간에 함께 공부하고 있다고 가정하자.

1) 성욕(눈치채지 못할 정도)

2) ST(약한 ST = 나쁘지 않은 ST) 사회적으로 허용 됨

    – 밖에 나가서 공부할 때 가능(도서관이나 카페, 커피숍에서 공부할 때)

3) 잡생각(잡생각 없어야 함)

= '그렇게' 공부해라

1) 성욕(눈치채지 못할 정도)

2) Strong-bad-ST(강한 ST = 나쁜 ST) – 믿을 수 있는 사람과 공부해야 함

   예를 들어, 집에서 가족들과 함께 공부할 때

= 그렇게 + 빠르게(개념) ―― 시간 없을 때, 중요한 시험 볼 때

1) 성욕(눈치채지 못할 정도)

2) Strong-bad-ST(강한 ST = 나쁜 ST)

3) 빠르게, 속도감 있게, 쑥쑥, 쭉쭉 나가면서, 진도 팍팍 빼면서 ――

   (개념)

위의 「1번 공부법」, 「2번 공부법」, 「3번 공부법」은
〈세 가지 공부법〉을 요약해 놓은 것이다.

세 가지 공부법

A와 B가 같은 공간에 함께 공부하고 있다고 가정한다.

「1번 공부법」

1) 성욕

성욕이 전혀 없으면 지겨워서 오래 공부를 지속할 수가 없다. 그러나 너무 많으면 오래 공부할 수 있으나, 참을 수가 없어서 공부에 방해가 된다.

그러면 그 양은 어느 정도가 좋은가?

공부에 집중해서 완전히 공부에 빠져서 성욕이 있는지 없는지 눈치채지 못할 정도가 가장 좋다.

2) ST --- 가장 중요함

ST를 쏘아라. ST를 맞는 사람은 머리가 쌩쌩 잘 돌아가서 공부가 잘된다.

함께 공부하는 사람들끼리 ST를 서로 쏘아주어야
한다.

3) 잡생각

잡생각의 정의는 자기도 모르게 나는 생각들이다.
여기서 중요한 것은 '자기도 모르게'이다.

A와 B가 함께 공부할 때, A가 잡생각이 나면, 그것
이 B에게 전달되어 두 명 모두 공부에 집중이 안 된다.
그래서 잡생각을 안 하도록 서로 주의하여야 한다.

잡생각이 나는 상태는 ST 상태가 아니다. 공부할 때
는 항상 ST를 서로 쏘아주어 ST상태를 만들어야 한다.

공부에 아주 집중이 잘되고 있다면, 그 사람은 ST 상태에 도달한 것이다.

여기서 내가 말한 것을 한번 실험해 보기 바란다. 실험을 해봐야 이 책의 이론이 맞는지 확인할 수 있다.

믿을만한 사람들과 실험해야 한다. 예를 들면, 부모님, 형제, 자매, 아니면 내가 가장 사랑하는 친구, 기타 등등.

「2번 공부법」

1) 성욕(눈치채지 못할 정도) **위에서 말했음.**

2) Strong-bad-ST

(중요 – '그렇게' 공부하라는 말은 나쁘게 ST 해라와 똑같은 말이다. 이 책에

서 '나쁘게'라는 단어는 모두 개념이다. 그리고 겉은 표현이 S로 되어도 속마음이

ST 인지가 중요하다)

ST는 강력한 것이 있고 약한 것이 있다.

천재가 되려면, 강력한 ST를 맞아야 하는데, 그것이 bad ST이다. 즉, 나쁜 ST = 강력한 ST라는 것이다.

ST를 쏘아줄 때 나쁘게 해야 강력한 ST가 형성된다.

그것은 **ST 장**(field)이라 말하겠다.

ST란 마음속 상태이다.

ST는 **나쁘게**(강력한) 쏘는 것이 있고, 정중하고 공손하게(나쁘지 않은, 약한) 쏘는 것이 있다.

나쁘게 ST를 쏘는 것은 그 강도에 따라 **강, 중, 약**으로 나누고, 약 단계의 나쁜 ST만 가능하니(안 되면 **제일 약하게**) 수위조절을 잘해야 한다.

3

「3번 공부법」

—— 빨리 공부해야 할 때, 중요한 시험 볼 때

1) 성욕(눈치채지 못할 정도)

2) Strong-bad-ST

3) 빠르게, 속도감 있게, 쑥쑥, 쭉쭉 나가면서, ――― (개념 **)**

나는 도저히 나쁜 ST를 쏘면서 공부할 수 없다. (다시 말해 방법을 모른다면, 마음 자동설정을 하면 된다)

마음 자동설정이란, 마음속에서 나쁜 ST를 쏘라는 생각을 하는 것이다.

그러면 저절로 나쁜 ST를 쏘게끔 몸이 움직인다.

이것도 모르겠으면, 빠르게(개념) 공부하면 된다.

그냥 빠르게 쭉쭉 나가면서 공부해라. 그러나 다 이해하면서 해야 한다. 빠르기만 하면 안 된다. 속도감 있게 그리고 진도 팍팍 빼면서 이해하면서 공부해라.

그러면, 저절로, 자동적으로 나쁜 ST를 쏘고 맞는 상태에 도달한다.

천재의 비밀

천재의 비밀에 대해 말하고자 한다.

천재는 괴짜다, 사람들은 괴짜를 싫어한다. 그러면 사람들은 그 괴짜에게 나쁜 ST를 마구 쏘아댈 것이다. 바로 이것이 그를 천재로 성장시킨 것이다.

ST를 쏘고
맞는다는 개념

ST를 쏘고 맞는다는 개념은

A가 B에게 : "'study'할래"라고 말할 때
A가 B에게 ST를 쏜 것이다.

ST는 겉으로 표현하는 것이지만 진짜 속마음이 ST
인지가 중요하다.

또 다른 예를 들면,

효과적인 학습 방법

A: 어.

B: 머.

이런 경우에도 A와 B 사이에 ST를 쏘고 맞은 것이다.

ST의 중요성

「1번 공부법」과 「2번 공부법」에서 가장 중요한 핵심은 ST를 쏘고 맞는 것이다.

ST를 맞을 때, 머리가 잘 돌아가고, 이해가 잘되고, 암기가 잘된다.

천재가 되려면 강력한 ST를 수천만 번 맞아야 천

재가 되는 것이다.

천재란?

혼자 공부하면, ST를 쏘고 맞을 수가 없기 때문에 천재가 될 수 없다.

여럿이 함께 공부하면서 ST를 서로 쏘고 맞아야 천재가 되는 것이다.

효과적인 학습 방법

마음속 자동설정

자동설정이란 모든 것이 마음에 달렸다는 말이다.

예를 들어, A와 B가 같은 공간에서 함께 공부하는데 A가, 마음속으로 "나는 B에게 ST를 쏠 거야" 그렇게 생각하면(= 자동설정하면) 자동적으로 저절로 몸이 움직여서 ST를 쏘게 된다는 것이다.

자동설정이라는 것은 마음먹은 대로 된다는 것이다.

만약 A가 "나는 B에게 나쁘지도 않고(개념) 좋지도 않은 그냥 일상적인 평범한 ST를 쏠 거야"

라고 자동설정하면, 몸이 저절로 움직여 그렇게 된다.

다른 예로, A가, "나는 B에게 나쁘게 ST를 쏠 거야" 그러면 저절로 자동적으로 몸이 움직여서 그렇게 된다는 것이다.

 또 다른 예로, A가, "나는 B가 원하는 대로 할 거야" 그러면 저절로 B가 원하는 대로 된다.

중요한 결정을 할 때
어떻게 해야 하나?

　예를 들어, 철수가 고등학교 3학년인데 대학에 진학할지, 아니면 취직을 해야 할지 고민이 된다고 하자.

　철수는 철수가 가장 사랑하고 믿는 사람들과 토론을 해야 한다. 그때 철수 이외의 사람들은 철수에게 마구마구 강력한 ST를 쏘아주어야 한다. 그리고 철수도 다른 사람들에게 강력한 ST를 쏘면서 토론한다. 그러면, ST를 맞으면서, 곰곰이 생각하여, 판단을 하여야 한다.

　ST상태에서는 머리가 잘 돌아가고, 현명한 답을 찾

아낼 수 있다. 반대로 ST상태가 아닐 때는 어리석은 판단을 하며, 불안해한다. 이것은 자연의 법칙이다.

중요한 시험을 볼 때
잘 볼 수 있는 방법

칠판

교탁

A	B	C
D	E	F
G	H	I

철수가 E 책상에 앉아서 시험을 본다고 하자.

그러면 감독관이 시험 시작이라는 구호를 외치면,

철수는 주변 학생들에게 이렇게 말해야 한다.

(물론, 속으로 말해야 한다)

"그렇게 하면, 시험 잘 볼 수 있어"라고 말해야 한다.
「3번 공부법」이다.

「3번 공부법」 = 성욕 + strong-bad-ST + 빠르게

그런데 시험 전에는 말하면 안 된다. 왜냐하면, 시험 전에는 학생들이 딴생각들을 한다. 기타 여러 가지 잡생각들을 하기 때문에 시험이 시작되면 시간이 모자라 문제 풀기 바쁘므로 시험 시작 후에 말해야 한다.

그러면, 시험을 아주 빠르게(개념) 그리고 잘 볼 수 있다.

과목마다 어떻게
공부해야 하나?

「1번 공부법」, 또는 「2번 공부법」 어느 것을 선택해도 좋다. 그러나 「2번 공부법」이 ST가 더 강하다.

그런데 공부를 하던 중 이해하기 어려운 이론이 나오면 어떻게 하나? 이렇게 공부하다가 자주 막히면, ST가 무너질 수 있다.

어려운 이론은 약 2-3분 생각해 보고, 그래도 이해 안 되면 체크하고 넘어가야 한다. 물리학, 경제학 등 어려운 과목은 그렇게 공부해야 한다.

국어, 역사와 같은 쉬운 과목이나 또는 쉬운 소설 읽

기는 막히는 것이 없기 때문에 수월하게 할 수 있다.

자신에게 너무 부담스러운 어려운 과목은 어려운 이해를 필요로 하기 때문에 자주 막혀서, ST가 무너지므로 피해야 한다.

부모가 자녀의 공부를
도와주고 싶다면?

　부모와 자녀가 함께 공부한다고 하자.

　부모는 쉬운 공부를 해야 하고, 자녀는 어려운 공부를 해도 좋고 쉬운 공부를 해도 좋다.

　부모가 쉬운 공부를 하면, ST가 잘되어서 자녀에게 좋은 영향을 끼친다.

　쉬운 공부는 막힘이 없어서 그런 것이다. 물론 어려운 이론을 이해할 필요도 없다.

　예를 들어, 부모는 쉬운 소설을 읽고 있고, 입시를 앞둔 자녀는 물리 공부를 하고 있다고 하자.

부모는 막힘이 없고, 강한 나쁜 ST를 마구 쏘아대니, 자녀는 강한 나쁜 ST를 맞으니,

자녀가 아주 공부가 잘되는 것이다. 물론 자녀도 나쁜 ST를 쏘면서 공부해야 한다.

「1번 공부법」을 선택할지 아니면 「2번 공부법」을 선택할지는 독자에게 맡긴다.

몸의 컨디션을
회복시키는 방법

「1번 공부법」이나 또는 「2번 공부법」, 「3번 공부법」 중 선택해서 공부하다 보면, 컨디션이 나빠질 때가 있다.

☞ 운동을 하면 몸을 좋은 컨디션으로 회복 가능하다. 그러나 1시간 정도의 시간이 필요하다.
   컨디션이 안 좋을 때 운동을 열심히 하면, 몸과 마음이 풀어지면서 좋은 컨디션으로 회복 가능하다.

☞ 재미있고 웃긴 대화를 하면, 웃음꽃 피우면서 컨디

션을 좋게 만들 수 있다. 웃겨서 박장대소하면 건
강해진다.

속마음의 ST

겉으로 S가 표현되어도, ST로 판단해야 되는 경우가 있다.

이것은 겉은 S이라도 속마음이 ST이기 때문이다.

「3번 공부법」을 아주 잘하면, 마치 신들린 듯(= 빠르게–개념) 공부하는 현상이 나타난다.

공부할 때 발생하는
ST 장(field)이란?

공부를 많이 한 사람은 머리가 좋다?

맞다. 공부를 많이 한 사람은 머리가 대체적으로 좋다.

왜냐하면, 공부를 하는 동안 ST field가 형성되기 때문이다.

쉽게 이해하기 위해, 물리학에 나오는 전기장, 그리고 자기장을 예로 들면 좋을 것이다.

효과적인 학습 방법

 위의 그림은 전기장을 그린 것이다. 전기장은 안 보인다. 그와 같이 ST 장도 안 보인다.

 공부할 때 안 보이지만 이런 ST 장이 형성되면서 공부해야 잘되는 것이다.

ST를 얼마나 자주 쏘아야 하나? 또한 상대방이 공부를 안 하고 다른 일을 한다면?

"ST를 얼마나 자주 쏘냐?"라고 물으면 자신의 공부에 방해되지 않는 범위 내에서 자주 쏘아야 한다고 말할 수 있다.

A, B 중 A는 공부하고, B는 설거지, 요리, TV 보기, 기타 등등 다른 일을 한다고 하자.

제일 먼저 A와 B는 나의 책을 다 이해해야 한다. 공부하는 A는 다른 일을 하는 B에게 ST를 쏘아야 한다.

틈틈이 A가 공부하면서 ST를 B에게 쏘고, B도 이 책의 내용을 다 알고 있으므로, A에게 ST를 쏴준다. 그러면 B가 공부하고 있지 않아도, 공부하는 것과 거의 똑같은 효과를 A에게 줄 수 있다.

세상 물정 모르는 순수하고
순진한 학생은
(이 학생을 A라 하자)
어떻게 공부하나요?

집에서 공부하는 것이 좋다.

먼저 부모, 형제, 자매 등 가족과 함께 공부해야 한

다. (다른 이가 도와주어야 한다)

도와주는 이를 B라 하자.

부모나 형제, 자매는 쉬운 공부를 하고, A는 쉬운 공

부를 해도 좋고 어려운 공부를 해도 좋다.

도와주는 이가 마구 강력한 ST를 쏘아주어야 한다.

만약, B가 요리, TV 보기, 기타 다른 일을 하고 있

으면, 그 일을 하면서 틈틈이 자주 A에게 강력한 ST를 쏘아주어야 한다.

그리고 평소에도, (공부를 안 해도) 강력한 ST를 쏴주어야 한다.

A가 컨디션이 나빠지면, 운동이나 웃긴 대화로 박장대소해서 스트레스를 풀어야 한다.

A는 아무것도 몰라도 B가 다 알아서 하는 것이다.

훗날, A가 B에게 고마운 마을을 갖길 바랄 뿐이다.

나쁘게 ST를 쏘고 맞으면서 매일같이 하루에 2-3시간씩 공부해 보자.

그러면 짧게는 2-3년, 길게는 5-6년 정도 공부를 하면,

천재가 될 것이다.

2장

머릿속으로 그리는 Review(리뷰)에 관해서

EFFECTIVE

LEARNING METHOD

한 번 공부 시작하면 얼마나 쭉 해야 하나요? 공부한 후에는 리뷰도 해야 하나요?

30분 공부하고 15분 쉬어라!!!

저자가 하고 싶은 말이다. 쉬는 15분은 푹 쉬어야 한다. 이것에 대한 근거가 있다.

다음은 《PAGODA TOEFL 80+ Listening-정답 및 해석》 p192. Passage 5.의 일부이다.

[지은이-파고다 교육그룹 언어교육연구소]

개정판 1쇄 발행 2019년 10월 7일

A student who studies for a test for one hour a day, each day for six days will typically do better than a student who studies for six hours on a single day.

위의 내용은 심리학 강의에서 인용한 것이다.

무슨 이야기인가 하면, 6일 동안 매일 하루에 1시간씩 공부한 학생이, 하루에 6시간 공부한 학생보다 공부를 더 잘한다는 내용이다.

또 이런 내용도 있다.

It is still better to study something and then wait a little while before reviewing it. Take the example. A geography student who studies the capitals of countries on a flashcard and then wait five or ten minutes before reviewing the information will be able

효과적인 학습 방법

to memorize the capitals better than a student who looks at the names of capitals for a long time without waiting and then moves onto the next subject without reviewing.

무슨 얘기냐면, 공부를 하고 그걸 리뷰하기 전에 잠시 쉬면서 기다리는 게 훨씬 좋다는 것이다.

예를 들면, 카드에 적힌 나라들의 수도들을 공부할 때, 공부하고 그다음 리뷰하기 전 5-10분 정도 기다리고 쉬는 학생이, 쉬지 않고 오랜 시간 공부만 하고 리뷰도 없이 다음 주제로 넘어간 학생보다 더 수도의 이름을 잘 외우더라는 것이다.

저자의 주장은 이렇다.

30분 공부하고, 15분 푹 쉬고, 다시 공부할 때, 책도 보지 말고, 팬도 들지 말고 머릿속으로만 리뷰를 해보라는 것이다. (말로 정리해도 된다) 시간은 약 5-15분 정도면 가능하다. 그리고 다시 30분을 공부하고 15분 쉬면

된다. 단 공부할 때나 리뷰할 때는 ST가 유지되어야
한다.

반드시 30분
공부해야 하나요?

30분 공부하는 것은 너무 짧다는 사람들도 있을 것이다. 그러면, 35분 공부하고 10분 쉬는 것도 괜찮을 것 같다.

그러나 공부할 때는 그렇게 해야(나쁜 ST) 하며, 10분 쉬는 동안에는 최대한 편안하게 푹 쉬어야 한다. 티비를 보거나 유튜브를 보거나 수다를 떨어도 좋다. 쉴 때는 ST상태가 아니어야 한다.

10분 또는 15분 쉬고 나서, 리뷰를 해야 한다. 책 보지 말고 머릿속으로, 또는 말로 30분 또는 35분간 공부한 내용을 정리한다. 이 리뷰 과정이 아주 중요하다. 이때 정리한 내용이 아주 강렬하게 머릿속에 각인될 것이다. 리뷰할 때는 ST를 쏘고 맞아야 한다.

리뷰가 끝나면, 다시 30분 또는 35분 공부하고 10분 또는 15분 쉬고 이런 것을 반복하면 된다.

여기서 말하는 30분, 35분, 10분, 15분 이런 것은 꼭 정확하게 지킬 필요가 없다.

30분 정도, 35분 정도, 10분 정도, 15분 정도 하면 된다.

효과적인 학습 방법

쉴 때는 왜 편안하게 쉬어야 하며, 왜 ST를 쏘고 맞지 않아야 하나요?

공부할 때는 뇌가 활성화되어 공부에 집중하게 된다. 즉 ST 상태인 것이다.

쉬는 동안 ST상태가 아니게 하여 편하게 쉴 수 있도록 하면, 활성화된 뇌는 잠들게 된다. 이렇게 잠들은 뇌를 리뷰를 함(리뷰할 때는 ST를 쏘고 맞아야 한다)으로써 다시 깨우는 것인데, 이때 기억한 내용이 강렬하게 기억되는 것이다.

***(저자의 생각으로는 이 리뷰가 천재성 향상에 아주 도움이 되는 것 같다고 강하게 추측한다)

일부러 뇌를 잠들게 하는 것이다. 리뷰를 강렬하게 하기 위해서….

그러니 쉴 때는(ST 상태가 아니다) 공부 생각하면 안 되고 그냥 편안하게 쉬면 되는 것이다.

ST 아닌 상태 → ST상태로 바꾸는 것이 천재성 향상에도 도움이 되는 것 같다. 실험으로 확인해 봐야 할 사항이다.

흔히 이런 경험이 누구도 있을 것이다.

"갑자기, 문득 나의 뇌리를 스치는 어떤 기발한 생각이 떠올랐다" 이런 말을 할 때가 있다.

이것이 바로 ST 아닌 상태 → ST 상태로 순식간에 변한 순간에 기발한 생각이 떠오르는 것이다.

뇌 과학적 조사가
필요한가요?

공부를 할 때 내가 리뷰를(복습, 검토, 공부했던 내용을 머릿속으로 그려 보는 것이다) 어떻게 할까 생각하면서 공부하면 더 좋다.

그러면 공부하면서 리뷰를 벌써부터 준비하는 것이 되는 것이다.

쉴 때(ST 아님)에서부터 리뷰가 시작되면(ST상태) 뇌의 상태의 변화를 조사할 필요가 있다.

첫째. ST 아닌 상태 → ST로 갈 때의 뇌 상태 변화

둘째. Review 할 때 뇌 상태 변화.

두 가지를 조사할 필요가 있다.

그러면 리뷰는
몇 번 해야 하나요?

1월 1일 내가 대학물리 chapter 3을 공부했다 하자. 그러면 chapter 3에 대한 리뷰를 해야 한다.

그러면 (그날 1/1) 리뷰하고, (그다음 날 1/2) 리뷰, (일주일 후) 1/9, 또 (일주일 후) 1/16. 네 번 정도면 된다. 달력에 표시해 놓기 바란다. 머리로 그리는 리뷰는 익숙한 것이기 때문에 서너 번 정도만 반복한다. 익숙한 것은 기억에서 사라지기 때문이다. 3장에서 그 이유를 설명하겠다.

각각 리뷰하는 시간은 길어도 15분을 넘기면 안 되

고, 책도 보지 말고, 머릿속으로만 또는 말로만 하면 된다. 머릿속으로 리뷰가 끝났으면 자신이 리뷰한 것이 맞았는지 틀렸는지 책을 보고 확인해야 한다. 그리고 리뷰할 양이 많다고 판단되면, 물음 그러니까 문제 정도만 노트에 써놓아도 된다. 예를 들어, 물음) 뉴턴 3법칙에 대해 설명하시오.

공부하면서, 리뷰를 대비해서 책에 메모를 해도 좋다.

내가 2/16에 리뷰를 못 했다 하면 2/17 또는 2/18에 리뷰하면 된다. 아주 정확하게 지켜야 하는 것은 아니다.

연구는 어떻게 하나요?

연구는 따로 하는 것이 아니다. 사람들과 **그렇게**(나쁜 ST) 토론하면서 그 즉시 해야 하는 것이다.

연구하는 시간을 따로 가질 필요가 없다는 것이다. 토론 특히 연구 회의는 **그렇게** 하면서 순간순간 기발한 아이디어가 나오면서 그 즉시 해야 하는 것이다.

리뷰를 전부 다 했어요,
그러면 어떻게 하나요?

그날, 1일 후, 7일 후, 7일 후, → 총 3-4번이다.

(각각 리뷰하는 시간은 길어도 15분을 넘기면 안 된다)

이렇게 리뷰를 다 하면서 그 책을 다 공부했으면, 다른 책을 공부해야 한다.

*** 리뷰를 다 안 했어도 다른 책 공부하고 싶으면 리뷰는 리뷰대로 진행시키고, **다른 책**(새로운 환경)의 똑같은 단원을 함께 공부해도 좋다.→ **뇌에 새로운 강렬한 기억*** 을 일으킨다 → 중요 부분은 겹치고, 새로운 것을 더 많이 공부할 수 있다. **새로운 환경의 학습**

은 천재성 향상(중요함)

 1권의 책을 10번 반복하는 것은 안 좋은 것이다. 10번 반복하면 몇 page에 무슨 내용이 있는지 다 알 정도로 익숙하다. 새롭지 않다. 기억에서 사라진다. 안 좋은 방법이다. 다른 책으로 바꿔서 공부하면 좀 더 새로운 내용을 공부하게 될 것이다.

**공부는 딱 한 번만 하는 것이다. 리뷰를 많이 하는 것이다. 리뷰는 총 3-4번이다.

**쉼 없이 오랫동안 공부하는 것은 안 좋다. 길어도 35분을 넘기지 말자.

**길어도 35분 공부하고 10분 쉬자.

**처음엔 질문도 안 보고 머리로만 리뷰한다. 그다음 질문만 보고 리뷰, 그러고 나서 책이나 메모를 본다.

**양이 적으면 질문을 만들지 않는다. 그냥 리뷰한다. 질문 안 만들고 그냥 리뷰한다.

**리뷰하기 수월하게 하기 위해 책 또는 노트에 메모를 해도 좋다.

**쉬는 시간에 티비를 보거나 수다를 떨어도 좋다.

(ST 아님)

리뷰(review)에 대해서
다시 한번 얘기해 주세요

35분 공부했으면 10분을 편안하게 쉬고 나서, 내가 뭘 공부했나 책을 안 보고 머릿속(리뷰는 ST상태)으로만 생각해 보는 것(말로 해도 된다)이다. 공부할 때는 ST, 편안하게 쉴 때는 ST 아닌 상태이다.

그렇게 하고 만약 1월 1일 chapter 3를 다 공부했다라고 한다면, 이때 이후부터는 chapter3를 공부하지 않는다. 그리고, 1/1리뷰(그날), 1/2리뷰(하루 뒤), 1/9(일주일 뒤), 1/16(일주일 뒤), 이렇게 하면 된다. 달력에 표시해 둔다. 리뷰하기 전에 10분은 편안하게 ST 아닌 상태로

쉰다. 리뷰할 때는 ST상태여야 한다.

리뷰 시간은 길어도 15분을 넘지 않게 하지만, 만약 넘는다면 그래도 20분은 넘기면 안 된다. 된다. 리뷰 끝나면 책보고, 틀렸는지 맞았는지 확인한다. 책 보고 확인하는 시간까지 다 포함해서 30분을 넘기면 안 된다.

리뷰할 내용이 많으면, 질문(문제) 정도만 노트에 적어 놓는다. 그리고 리뷰할 때 일단 질문도 보지 말고 머리로만 생각하고 머리로 리뷰가 끝난 다음 그다음에 질문만 본다. 예를 들면, (질문) 근의 공식은 무엇인가? 그리고 공부할 때 어떻게 리뷰할지 생각하면서 공부한다.

3장

새로운 환경에서의 학습

EFFECTIVE

LEARNING

METHOD

새로운 환경에서의 학습은 천재성을 향상시킨다. 익숙한 환경과 새로운 환경에서의 기억과 학습에 대해 얘기하고자 한다.

익숙한 환경에서는 기억들이 오래가지 못한다.

예를 들어보자.

매일 똑같이 철수는 7시에 일어나서 홍대역에서 종각까지 지하철을 타고 직장에 8시 30분에 도착해서 똑같은 일을 매일 반복한다. → 천재성이 전혀 향상되지 않는다. 무슨 일이 있었는지 기억도 오래가지 못한다.

예를 들어, 7시에 일어나서 돈이 없어 종각까지 걸어 가서 직장까지 갔다고 해보자. 익숙한 환경이 아니다. 그러니 그 경험은 기억을 반드시 할 것이다. 새로운 환경이다. 기억이 오래간다.

새로운 것, 새로운 환경에서의 기억은 강렬하며 오래 간다. 그러나 학습은 암기도 해야 되기 때문에 중요 부분은 겹치게 해야 한다. 암기도 학습의 일부분임을 명심해야 한다.

이제부터 학습에서의 새로운 환경을 예를 들어보자.

효과적인 학습 방법

물리학에서
새로운 환경

물리학을 예를 들어보자.

A책 2단원(2장, chapter2)에 뉴턴 역학을 공부했다 치자.

그러면 뉴턴 역학 리뷰는 그대로 진행시킨다. 한 4번째 리뷰를 하고 있을 때 즈음

B책 3단원 뉴턴 역학을 다시 공부해야 한다. 다양한 문제는 다양한 새로운 환경이기 때문에 문제는 반듯이 풀어야 한다.

A책 2단원 리뷰할 때, 책이나 메모를 안 보고 리뷰하는 것은 질문 또는 책이나 메모를 보는 것은 익숙한

환경에서의 학습이 되어버리기 때문에 익숙하지 않게 하기 위해, 일단 먼저 질문 또는 책이나 메모를 안 보고 리뷰하는 것이다. 리뷰가 다 끝나고, 그다음엔 질문만 보고 리뷰 다시 한번 한다. 그러고 나서 책이나 메모를 보는 것은 확인만 하는 것이다.

그러나 리뷰하는 행동 자체가 익숙한 행동이다. 새롭지 않다.

그래서 3-4번 이상은 하지 말라는 것이다.

그런데 책이 다른 것을 왜 새로운 환경이라 말할까?

A책과 B책의 뉴턴 역학은 설명 방식도 다르고, 설명하는 말투도 다르다. 그림과 그래프도 다르고, 문제도 다르고 그렇기 때문에 새로운 환경이라는 것이다. 그러나 중요 개념은 겹치기 때문에 중요한 내용은 암기가 되고 새로운 환경이기 때문에 그 암기가 오래간다. 서로 겹치지 않은 내용이 있는 경우, 새로운 사실들을 새롭게 공부해서 더 좋다.

물론 B책도 리뷰를 해야 한다. 공부는 한 번만 한다. 만일 같은 책의 같은 단원의 공부를 여러 번 반복해서 해야 하는 경우에는 매번 다른 그림을 그리거나, 매번 다른 스토리로 암기하자. 뒤에서 다시 그림과 스토리에 대해 말할 것이다. 이렇게 하면 그나마, 새로운 환경에서 공부하는 것이 되고, 그러면 기억이 오래간다.

한 단원씩 하는 것이 너무 짧다고 생각되면, 3개의 단원을 한 단위로 하거나 5개의 단원을 한 단위로 해도 좋다.

예를 들면, A 책 → 2단원(뉴턴 역학), 3단원(진동), 4단원(파동)

이렇게 3개 단원을 공부한 다음에 B 책으로 옮겨가는 것이다.

리뷰는 그대로 진행시키면서 옮겨간다.

B책에서 3단원 (뉴턴 역학), 5단원 (진동), 7단원 (파동)으로 옮겨 와서 새로운 책 (새로운 환경)에서 공부하면, 암기가 오래간다.

영어 리스닝 공부에서
새로운 환경

영어는 똑같은 문장을 반복할 필요가 없다.

똑같은 문장은 익숙한 환경이다. 새로운 문장은 새로운 환경이다. 그러나 새로운 문장이라 해도, 중요 문장구조, 중요 단어, 중요 숙어는 각각의 문장들에서 계속해서 겹쳐서 나오고 학습하게 되기 때문에 저절로 암기가 된다.

영어 리딩 공부도 리스닝 공부와 동일한 원리이다.

다만, 리스닝이 가능하면 리딩은 저절로 되지만,

리딩이 가능하다고, 리스닝이 가능한 것은 아니다.

똑같은 문장들을 반복해서 공부하는 것은 나쁜 방법이다. 익숙한 환경이며, 기억이 오래가지 못할 뿐 아니라 천재성도 향상되지 않는다.

영어 리딩이나 리스닝 공부는 리뷰가 없다.

수학에서
새로운 환경

    수학은 일단 공식을 암기해야 하고 기본 유형의 문제를 익혀야 한다.

    A책을 먼저 보면 일단 공식 암기, 기본 유형 문제를 풀어서 공부한다. 예를 들어, 1, 2, 3단원의 공식과 기본 유형을 공부했다고 하면, B책의 1, 2, 3단원으로 옮겨가며, 공부한다. A와 B의 기본 유형의 문제가 새로운 문제이니 새로운 환경이다. 그러나 기본 유형이나 기본개념은 겹친다.

    리뷰는 리뷰대로 진행시킨다. 그다음에는 문제 풀이

로 넘어간다. 이때부터는 새로운 문제들을 계속해서 풀기 때문에 새로운 환경이다. 각각의 문제들은 전부 다 새로운 환경이다.

수학은 문제를 많이 풀어야 한다는 말이 있다. 맞는 말이다. 각각의 문제들은 전부 새로운 환경이기 때문이다.

똑같은 문제를 반복해서 푸는 것은 익숙한 환경이다. 그러나 리뷰는 해야 한다. 반복해서 공부하는 것과 리뷰를 혼동하지 않길 바란다.

좀 더 많은 새로운 환경의
예를 들어보자

예를 들자, (1) 다른 책 (2) 똑같지 않은 모든 문제는 전부 다 (3) 책 안 보고, 질문 안 보고 하는 리뷰 (4) 매번 새로운 다른 그림을 그리며 암기하는 것 (5) 매번 새로운 다른 스토리를 만들며 암기하는 것

여기서 (1) 다른 책은 얘기했고, (2) 똑같지 않은 문제는 전부 새로운 환경이다. 중심 개념이 같은 문제라 해도 문제 출제 방식이 다르고 말투도 다르고 난이도도 다르다. 그래서 문제를 많이 풀어야 한다는 것이다. 문

제를 많이 풀면 암기가 잘 된다. 그러나 문제를 풀기 전 책에 있는 설명과 개념을 먼저 익혀야 한다.

⑶ 책 안 보고 하는 리뷰는 책 보는 순간 익숙한 환경이 되어버리기 때문이다. 익숙한 환경을 피하기 위해 책 안 보고 질문 안 보고 리뷰하며, 그다음은 질문만 보고 다시 한번 리뷰 한다.

익숙하지 않은 환경=새로운 환경, 그러나 리뷰 자체가 반복된 익숙한 행동이기 때문에 리뷰는

3-4번 정도만 하고 많이 하지 않는다.

⑷번과 ⑸번을 혼합해서 만들어 보자,

매번 다른 그림을 그리며 스토리를 만들자. 킹콩이 한국의 백두산을 파괴하기 위해 미국에서 헤엄치며 태평양을 건너서 드디어 백두산에 도착해 백두산을 주먹으로 쳐서 파괴하고 있다.

이 이야기를 그림을 그려야 한다.

다시 한번 해보자. 킹콩이 뉴턴 1법칙 관성의 법칙이 뭐냐고 김정은한테 물으니, 김정은이 운동하는 물체는 계속 운동하려 하고, 정지하는 물체는 계속 정지하려고 하는 성질이 있다는 것이 관성의 법칙이라고 말해

서 킹콩이 화가 나서 미국을 떠나 태평양을 헤엄치고 있다. 물고기가 킹콩 배에 붙은 파리에게 힘에 대해 물으니 파리가 하는 말이 F=ma 힘은 질량과 가속도에 비례한다. 말했다. 킹콩이 백두산에 도착해서 마지막 기회다. 3법칙 말하면, 백두산 파괴 안 한다 하니 김정은이 생각 끝에 대답을 못 했다. 백두산 호랑이가 3법칙은 작용 반작용의 법칙이다 라고 말했다. 그러나 김정은 너는 몰랐으니 백두산을 파괴한다 하며, 주먹으로 백두산을 파괴했다.

공부할 때마다 매번 새롭고 다른 그림, 다른 스토리여야 한다. 똑같으면, 익숙한 환경이 된다.

이런 새로운 환경들에서 공부할 때 ST를 쏘고 맞아야 한다. (ST 상태)

새로운 환경은 무궁무진하다.

독자만의 새로운 환경을 만들어 학습하자. 매번 다른 것이어야 한다.

세상 물정 모르는 순진하고
순수한 사람(=A) 은
공부를 어떻게 하나요?

리뷰, 새로운 환경 관련해서요

도와주는 사람을 B라 하자.

A가 리뷰하거나, 새로운 환경에서 공부할 때 B는 나쁜 ST를 A에게 쏴주면 된다.

리뷰 또는 새로운 환경에서의 공부는 ST를 몰라도 가능하다.

다만, 도와주는 이 B가 A가 공부할 때 그냥 ST를 쏴주면 되는 것이다.

새로운 환경들에서 공부할 때
좀 더 굉장히 강렬하게 하려면?

새로운 환경들 앞에서 그 예들을 보였다. **다른 책, 모든 다른 문제, 그림과 스토리** 등등.

대표적 예로 그림 그리면서 스토리를 만들며 예를 들어보자.

지구 중심에 마귀들이 살고 있다. 그들은 천재가 될 것이다. 우리는 그들을 스카우트해야 한다.

선혜는 지구를 구하는 임무를 맡았다. 핵폭탄이 터지면서 신라, 고구려, 백제 순으로 나라가 만들어졌으며, 신라가 삼국 통일했다. 핵폭탄이 터지면서 그렇게 소리를 냈다. 지구는 뚫렸고, 중심으로 들어가서 마귀들을 만났다. 마귀가 신라 다음에 뭐야 하니 선혜가 조선이라 했다. 하하 후 삼국시대라 했다, 마귀가. 그다음 고려라고 했다. 블라 블라~~~~~~이야기 이어짐….

이걸 그림을 그리면서 해야 한다. 다시 한번 말하지만 매번 새로운 그림과 스토리여야 한다.

근데 굉장히 강렬하게 하려면? 그렇다. 나쁜 ST를 쓰고 맞으면서 하면 굉장히 강렬해진다.

효과적인
학습 방법

천재 되는 방법

초판 1쇄 발행 2022. 12. 14.

지은이 정호용
펴낸이 김병호
펴낸곳 주식회사 바른북스

편집진행 김주영
디자인 최유리

등록 2019년 4월 3일 제2019-000040호
주소 서울시 성동구 연무장5길 9-16, 301호 (성수동2가, 블루스톤타워)
대표전화 070-7857-9719 | **경영지원** 02-3409-9719 | **팩스** 070-7610-9820

•바른북스는 여러분의 다양한 아이디어와 원고 투고를 설레는 마음으로 기다리고 있습니다.

이메일 barunbooks21@naver.com | **원고투고** barunbooks21@naver.com
홈페이지 www.barunbooks.com | **공식 블로그** blog.naver.com/barunbooks7
공식 포스트 post.naver.com/barunbooks7 | **페이스북** facebook.com/barunbooks7